Die LYRIKEDITION 2000 wird herausgegeben von
Heinz Ludwig Arnold

Das Buch

Seit zwei Jahrzehnten beansprucht das »nasse Element« breiten Raum in Anton G. Leitners lyrischer Arbeit. Joachim Sartorius hat einmal über ihn geschrieben, er sei »mit allen Wasserzeichen der Poesie gewaschen«, und Günter Kunert nennt ihn »ein illegitimes Kind Neptuns«.

Im vorliegenden Zyklus beschwört der Autor die Geburt des Menschen aus dem Wasser herauf. 30 Gesänge mit zweiversigen Strophen handeln von der See. Das Repertoire umfasst nicht nur Matrosen, Häfen und Hafenhuren sowie Stürme und Schiffbrüche, sondern auch Haie, Fischer und Gefischte. Über und unter Wasser pulsiert das Leben in schnellen Beats.

Der atlantische Ozean stand bereits im Zentrum von Leitners vorangegangenem Lyrikband »Das Meer tropft aus dem Hahn« (2002). Danach legte er in Reclams Universalbibliothek die viel beachtete Sammlung »Feuer, Wasser, Luft & Erde – Die Poesie der Elemente« (2003) vor.

Der Autor

Anton G. Leitner, geboren 1961 in München, ist Verlagsleiter, Lyriker und Publizist. Seit 1992 gibt er die Zeitschrift DAS GEDICHT heraus. Er edierte zahlreiche Anthologien, u. a. »Experimente mit dem Echolot« (LYRIKEDITION 2000, München 2002). Außerdem liest er Poesie auf internationalen Literaturfestivals, im Rundfunk sowie auf CDs.

Für seine literarische Arbeit erhielt er mehrere Preise, u. a. den Kulturpreis »AusLese« der Stiftung Lesen und den »V. O. Stomps-Preis« der Stadt Mainz.

Vom Autor liegen folgende Gedichtbände vor: »Bild Schirm schneit, roter Stich« (Landpresse, Weilerswist 1997) und »Das Meer tropft aus dem Hahn. Fließ, Blätter« (LYRIKEDITION 2000, München 2002). Darüber hinaus erschienen die Erzählung »Still Leben Ohne Dichter« (Kowalke, Berlin 1997) und das Kinderbuch »Napoleons erster Fall« (Carlsen, Hamburg 2004[2]).

Homepage des Autors: www.anton-leitner.de

Anton G. Leitner

Der digitale Hai ist high

oder
Die Gesänge eines gefischten Fischers

Mit einem Vorwort von Günter Kunert

Informationen über den Verlag und sein Programm unter:
www.lyrikedition-2000.de

Bibliographische Information Der Deutschen Bibliothek

Die Deutsche Bibliothek verzeichnet diese Publikation in der Deutschen Nationalbibliographie; detaillierte bibliographische Daten sind im Internet über <http://dnb.ddb.de> abrufbar.

November 2004
LYRIKEDITION 2000
Ein Books on Demand-Verlag der Buch&media GmbH, München
© 2004 Buch&media GmbH/LYRIKEDITION 2000
Umschlaggestaltung: Bauer+Möhring, Berlin
Herstellung: Books on Demand GmbH, Norderstedt
Printed in Germany · ISBN 3-86520-052-4

Günter Kunert

Anton G. Leitner – Ein illegitimes Kind Neptuns
Vorwort

Selten, daß ein Lyriker drei besondere Eigenschaften zugleich und gebündelt aufweist, wie Anton G. Leitner. Der Mann hat Sprachempfinden und Sprachlust, Sex im Kopf und, wo kommt das schon vor?, Humor, Witz, Mutterwitz. Eine in der deutschen Poesie kaum vorhandene Mischung.

Durch seine Schreibweise der enormen Verkürzungen und Verknappungen fordert er vom Leser, was der Leser eigentlich mitbringen sollte: erhöhte Aufmerksamkeit. Leitner bricht nicht allein rabiat die Zeilen, er knickt die Worte radikal, um neue, unerwartete Bedeutungen zu gewinnen. Jeder Vers, wenn man hier überhaupt von Versen reden kann, schafft eine Vielzahl von Assoziationen, die sich zu überstürzen scheinen und sich erst beim gemächlichen Lesen erschließen. In dem Langgedicht »Der digitale Hai ist high« heißt es an einer Stelle: »Er hängt // Sich selbst auf / Die Wäsche // Leine und trocknet / Als Fahne // Unter welcher / Banane // Segeln wir?«. Nicht allein B. Travens »Totenschiff« meldet sich schemenhaft an, auch so etwas wie die fragwürdige Nationalität seefahrenden Personals, des wurzellosen, und daß die meisten Handelsschiffe unter der Flagge von Bananenrepubliken die Meere unsicher machen, ist ebenso in dieser Kurzform miteingeschlossen.

Leitner ist nicht nur ein allem Weiblich-Leiblichen zugeneigter Dichter, er ist dem Meer, der sogenannten weiten See verfallen. Ein illegitimes Kind Neptuns. In seinem Gedichtband »Das Meer tropft aus dem Hahn« (Untertitel »Fließ, Blätter«) sind die Orte verzeichnet, wo die Texte entstanden sind. Immer wieder und überwiegend wird »Garafía, La Palma« genannt, dort, »meerumschlungen« möchte ich ein auf Schleswig-Holstein gemünztes, immerhin liebevolles Schlagwort auch auf Leitner anwenden, dort also ist der primäre Platz seiner Inspiration. Freilich verliert sich der Meeresliebhaber nicht in romantischer Emphase, dazu ist er viel zu ironisch.

Neben oder über oder zugleich mit dieser seiner Neigung, gar Leidenschaft, spielt die Liebe, vor allem die körperliche, eine wesentliche Rolle; vor Kraftausdrücken existiert keine Scheu, nichts Menschliches ist Leitner fremd: »Schwarz / Seher, alle // Schwanz / Träger juckt das // Verlängerte Glied / Des Herrn // Präsidenten in Edel / Stahl«. Die Anspielung auf Gott wird durch den Präsidenten aufgehoben, und dergestalt changieren die jeweils zwei Zeilen umfassenden Abschnitte zwischen Schock und satirischer Auflösung.

Sich der Sprache überlassen, sich ihr hingeben, sie laufenlassen, der jeweiligen Eingebung folgend – das zeichnet Leitners Gedichte aus und »verursacht« Nachdenklichkeit: Was so scheinbar mühelos und expressiv daherkommt, besitzt sein, nicht auf den ersten Blick erkennbares Schwergewicht im vorerst verborgenen Sinn, zu dem der geneigte Leser finden möge. Denn die Suche und die Entdeckungen lohnen sich. Das anfängliche Vergnügen an der scheinbar heiteren, scheinbar zynischen Spielerei wird, nach wiederholter Beschäftigung mit dieser menetekelartigen Schrift, düster kontrastiert: das Abgründige wird kennbar deutlich. Und just das ist das Signum einer Dichtung, die sich unserer wenig rosigen Gegenwart stellt.

Kaisborstel, 27. Februar 2004

Mein besonderer Dank gilt Karin Fellner und Gabriele Trinckler.

Für Christoph Fikenscher, Martin Finsterlin und Felizitas Leitner,
die mir Augen, Ohren und Sinne geöffnet haben.
Für meine Eltern Ingrid und Anton Leitner,
die eine Basis für meine Arbeit schufen.
Im Gedenken an meine Großmutter
Käte Wölpl, genannt Mädi,
die am 12. August 2004
100 Jahre jung
geblieben
ist.

Sieh mich, das Meer,
    das dir zu Füßen brandet
          Ricarda Huch

ICH SEHE NICHT MEHR ALS DAS MEER
Erster Gesang

Brust, Warzen vom Salz
Befreien am Ufer

Bett oder im Hafen
Becken. Eile mit

Feile. Wie steht es
Um das Wasser

Lassen die Küsten
Wache los, aber sie

Steht auf dem
Schlauch. Bootet

Kleine Sünder aus. Der
Große bootet

Den Rechner hoch
Zwei und sticht in

See. *Autsch.* Gut
Gebrüllt, Löwe. Da

Strömt die Luft
Matratze. Aus. So

Langsam wird es
Zeit für Schnee

Krankheit. Kotzt
Im Radar, lästiges

Weiß nicht: Container
Und nichts

Dahinter als manchmal
Ein Schiff. Gestapelt

Die Arbeit an Bord
Blech und etwas heiß

Hunger, Möwen im Ab
Wind. Auf

Eine steife Brise
Folgt stets

Die Flaute
Im Bett. Denkt der

Matrose und reibt
Sein Geschlecht. Wund

Die Augen. Ich sehe
Nicht

Mehr als das Meer, o
Vergib

Der Madonna, sie
Hat mich

Befleckt, viel
Leicht habe auch ich

Gesündigt zwischen
Die Backen, die

Beine, die Gischt.
Zisch schon

Ab, zischt sie, Scheiben
Kleister, ihr geht

Die Marine auf
Den Leim, weil sie

Alle Rohre verklebt
Hat im nackten

Kampf, Mann gegen
Frau gegen

Frau gegen Mann
Gegen un

Durchsichtige Gegner. Ei
Da Daus. Weiß

Der Schuß vom
Kanal oder ist

Der Kanal voll
Am Schluß?

Einloggen im Logbuch
Zweiter Gesang

Schwarz
Seher, alle

Schwanz
Träger juckt das

Verlängerte Glied
Des Herrn

Präsidenten in Edel
Stahl, verkleidet als Alu-

Flegel, ohne
Wenn und Adel

Namens dicke
Berta, Präser

Los, *al dente*
Vereinigte Salate

Erschlafft im Kampf
Gegen das Böse im

Bösen Wicht *zur Rettung*
Schiffbrüchiger Spar

Büchsen. Das echte U
Boot schläft im Sand

Seinen Rausch aus
Bewahrt Durstige

Börsen vor dem Sink
Kurs der Kehle. Schlick

Schluck. Specht vergiftet
Der Mensch das Salz

Wasser mit Natrium
Mono

Glutamat. Die Brüste
Bloß (siehe oben

Schau nicht nach
Unten!)

Ätzte ihre Klingel
Knöpfe. Oder

Ginge auf keine Fisch
Haut, die gute Vor

Hut der so
Genannten Kann-

Ohne-
Boot-Politik im

Pool: Geladene
Gäste, aber die

Roten kämpfen mit
Großer Geste gegen das

Feuer. Was lange
Währt, wird endlich

Glut. Ei weiß
Granaten. Dick auf

Getragener Rost, Kaffee
Brauner Körper aus

Stahl, schwimmt noch
Mit in Auflösung begriffener

Mannschaft. Da
Zwischen die Scham, jedes

Gefühl einzeln gekräuselt
Als Haar an

Deck zerknittertes
Neutrum. Veralgter

Rumpf. *Du
Plankton verplombte*

*Planke, Du leere
Pulle. Du Flossen*

*Bewehrte und sonst
Ohne alles. Du*

*Schiff auf
Riff, Du*

*Ausgelaufenes
Modell. Du flacher*

*Zahn willst das
Ruder wirklich?* Oh

Nehmt
Ihm ab: die Narren-

Kappe, Prinz-
Heinrich-Mütze, Bade

Klappe
Aber schnell, da

Lacht das
Matratzenbewährte

Huhn zur See, auch
Kapitän genannt und

Schließt für immer
Das Kapitel »Ein

Loggen« im Log
Buch.

UNTER WELCHER BANANE SEGELN WIR?
Dritter Gesang

Aus
Geloggt, kapitaler

Bock Mist, Kap
Hoorn umschiffend.

Hörner ab
Stoßen. Ab

Weisende Rede, wirklich
Verletzend im Ton

Fall der See
Fahrer unter panamesischer

Flagge. Zu Käptns
Dinner eine olle

Stulle, von der Schiffs
Taufe in die

Traufe. Taue
Los! Das Ablassen von

Schwarzem Gold auf
Hoher See außer

Halb der sieben Meilen
Stiefel gibt nicht mal

Geruch: Zehen
Käse. Durch das Loch

Geschlüpft im
Schlüpfer. Er hängt

Sich selbst auf
Die Wäsche

Leine und trocknet
Als Fahne

Unter welcher
Banane

Segeln wir? Schälen
Und Biß ins Fleisch

Die offene
Wunde

Schwimmt im Roten
Meer der Toten

Mär. Gott mit
Dir, Du Klingel

Beutel. Du Spar
Zwang. Du Schnäppchen

Schnapper. Du Haus
Schwein. Du Schiffs

Erbse. Du Mehl
Speise. Du Brett

Nässer, Du plakatierter
Auszähl

Kandidat. Du Box
Beutel. Du eingemachter

Cent
Fuchser. Du Lach

Talker. Spinnt die
See das flüssige

Garn? Weiter so, klein
Gepixelte Nixe!

(Der digitale
Hai ist high, Teil

Drei).

MALT FÜR DIE QUALLEN
Vierter Gesang

> Der Sturm ist da, die wilden Meere hupfen
> An Land, um dicke Dämme zu zerdrücken.
> *Jakob van Hoddis*

Aber Du weißt doch was
Mir eingeht unter

Der Haube. Komm mir
Zu Hilfe mit Deinen

Armen. Ich will heim
Gehen in das

Reich – der Seelen
Fänger ist auf Grund

Gelaufen. *Sing von
Liebe* auf dem Atlantik

Und hör den
Wellen zu. Klingt nach

Ertränke Deinen
Nächsten wie Dich

Selbst, wenn Du zuviel
Flüssig

Hast. Eingehen *unter
Welchem Dach*

Wohnen wir? Alles
Verschwimmt unter

Wasser
Steht das Land

Kopf. Los, geschminkte
Mercedes-Stern-Singer, Lob

Preiset das Gestern und
Schnorchelt für einen

Guten Zweck aus
Blech, in die eigene

Flasche gewirtschaftet. Kleine
Wirtschaftswunde. Klaffend

Die Leuchtfeuer
Verzeichnisse dabei

Gleicht kein Feuer
Dem anderen

Strömungsatlanten wir
Sitzen in verschiedenen

Booten. Heiß, *MS
Ekstase,* heißt *Nautilus*

Nautilus (N. N.). Ich rudere
Zurück, Du läßt Dich

Gehen als straffes
Segel

Tuch. Er kippt Whisky
Über die Reling, *Malt*

Für die Quallen. Wie das
Brennt! Signal, gelbes

Ölzeug. Verstopfte Wasser
Adern, zu wenig tief

Gang. Mann über Bord
Laut Sprecher aus

Gerufen. Schließt die
Poren. Hallo, hier ist

Die Küste. Radio Nord
Deich, das Nebel

Horn: *Ich rufe*
Das südliche

Ende
Der Erde, die dritte

Welt, die arme
Haut, metallen

Zart und bitter
Und Sturm

Umtost.

TOTEN KOPF FLAGGE ALS STIRNBAND
Fünfter Gesang

Ins Glas geschaut.
Mit dem Ofen

Rohr ins Gebirge nach
Indien, reich an

Menschen. Durch Bullen
Augen: Splitternde

Engel, gläsern
Die Kleider zusammen

Gesetzt aus
Spitzen

Scherben. Bettler.
Sei wachsam und

Siehe da, Land
Land

Eier, zerbrechlich
Schwimmen im

Fett. Hantieren
Mit Stoff, Gefahr

Gut geneigt, hoch
Explosiv. Nichts als

Zerrissene
Körper. Aus

Dünstungen von
Schwitzigem

Fleisch, Urin oder
Meeres

Früchten. See
Stern

Warte! Roll mir einen
Joint. Und ich sehe

Schwarz am Himmel
Nichts als Dioden aus

Schweifend schwillt der
Innere Druck, das

Geschlecht der
Kessel pfeift ab

Und zu nehmen wir
Alles für wenig

Während sich viel
Einverleiben läßt

Von uns und andere
Dünner werden

Dabei bist Du so tief
Gesunken? Aber

Der Fisch ist aus
Einer anderen

Kaste. Trägt Seide
Und Schock

Farben. Roter
Punkt auf der

Stirn oder grüner
Rausch laß

Nach. Was ist
Schon gut für

Nase, Zunge
Lunge: Bockshorn

Klee, Chili
Pulver, extra

Scharf, getrocknet
In Dickmilch ein

Gelegt oder Nada
Brahma – die Welt

Ist Klang, aber
Alle Hupen tönen

Gleich und der
Rest ist Gedudel und

Hängt benommen im
Netz ab. Fang

Frisch. Mit offenen
Beinen gerudert, das

Zarte Leibchen turnt
An im Spiegel rosa

Wellen. Reiten
Raga, Raga

Rasa, die Heilige
Kuh vor Augen, backe

Backe Fladen
Brot bis die

Stäbchen rauchen
Kocht auch der Tee

Beutel, verkochen die
Eier, brütende

Hitze, weil die Kühlung
Versagt im Prozessor

Surf
Sucht, eine reale

Flucht. Ganz
Reell. Der Preis: *Wir fahrn*

*Auf Indien und vögeln uns
Aus.* Aber die zocken

Wirklich. Toten
Kopf Flagge als Stirn

Band auf halb
Mast. Vieh durch

Gedreht: Dem See
Wolf noch schnell

Eins über
Gebraten. Himmel

Dunst. Glocken. Da
Kokelt es an

Jeder Ecke läutet der
Rauch zum Gebet

Wird die Schwarze
Witwe

Weiß und gleich
Verbrannt, zieht eine

Fahne nach, aber
Sie duftet noch

In Auflösung sind wir
Immer bereit zu

Bezahlen die Zeche
Mit Plastik als

Gäste wohl auf
Abschuß

Listen von Lokalen
Gottheiten, Satelliten

Gestützt, ab
Gestürzt. Fortgeschrittener

Grad an Bekehrung zur
Technik im wahren

Glauben findet sich
Jeder selbst als

Sein Nächster, wenn der
Sand brennt unter den

Nackten
Sohlen gibt es

Keinen
Halt mehr, im Fuß

Bett, im Fluß
Brett zurück

Ins künstliche
Koma.

Die Flossen hoch!
Sechster Gesang

Voll
Dampf vor

Aus, die Welt um
Schiffen! Heilige

Mutter, mein Talis
Mann o Meter. Auf

Gepeppt als Eis
Brecher *Tama*

Gotchi. Die
Wartung ob

Liegt den Hafen
Mädchen. Ein

Beugen und
Strecken gegen

Bares
Lecken

Halb gefrorene
Zapfen. Ewiges Ei

Weiß, ausgestoßen
In Plastik

Hülsen. Ein-Weg-
Dosen. Wem gehört

Da das Fell ab
Gezogen? Der See

Hund gebiert
Gehäutet

Taucher im
Anzug: Die

Flossen hoch! Oder
Sie kommen mit

Krebs auf die
Agenda zum

Schutz der
Umwelt

Verschmutzer. Gipfel
Treiben: Neptun

Neckisch, nicht ohne
Dauer

Wellen, löscht die
Göttliche Fisch

Platte am Institut für
Meereskunde

Spricht ein gewählter
Repräsentant im

Namen des Drei
Zack: *Endlich*

*Ist auch der Stöpsel
Gezogen.* Und der

Schaum
Wein fließt, auch die

Stimmen der kleinen
Fische zählen: Wer

Zuerst blau ist, wird später
Geschluckt im Zuge

Der großen Fusion
Von Wasser und

Salz. Zielwert
Vorgabe: Verwirf den

Weißroten Ring, weil
Du so oder

So untergehst wie wir
Alle. Dieses fahrende

Gebirge zur See ist über
Laden mit tödlicher

Fracht. Flotter Dienst
Für eine gute

Nation. *Heilig, heilig*
Ist nur er: Der Herr

Krieg gibt sich
Zivil. Geteert

Und gefedert, die
Taube als

Objekt, Titel: *Kein
Pazifist*

*Aufgetaucht im
Pazifik*, u. A. w. g.

DIE GESCHUPPTE LUFT RINGT NACH LUST
Siebter Gesang

Wohin die Reise der See
Weg führt weg vom

Ziel. In Fahrt bleiben
Heißt auch Nacht zu

Ertragen im Sturm. Dieses
Flaue Gefühl im

Magen. Vom eigenen
Wasser

Bauch trennt Dich nur
Etwas Stahl. Die Rüstung

Navigiert von Geister
Hand. Tage lang nichts

Außer Wellen, metallische
Wolken und immer die Sonne

Die blendende, bis auch Du
Erblindest für Maschinen

Lärm. *Bist Du eigentlich
Taub?* Was Dir lieb

Ist, läßt sich nehmen
Tausend Meilen entfernt

Von einem anderen
Missionar. Du aber

Hast den Kurs nicht
Gewählt, der Dir eingebläut

Wurde. Du weichst nicht
Ab vom Erträumten

Bevor auch Dich
Die Sonne verläßt, der

Schlaf. Sag nicht *Irr*
Fahrer wenn Du nur

Meinst, kein Mensch
Vermißt Dich mehr

Als die erdachte
Nymphe. Sie umfängt

Dich, Matrose. Du, der
Du immer begehrst

Genommen zu werden
Von einem Brecher

Der Dich rein
Wäscht

Vom Ruß. Das Fieber
Schüttelt den Brand

Wein wach in den
Adern. Denen ist es

Verboten an ihm zu
Verbrennen. Es ruft

Die Arbeit an
Deck. Die Ladung

Sichern heißt manchmal
Erdrückt zu werden. Mach

Sie fest, mach schon
Bevor die Sirene

Heult. Der Schiffssanitäter
Versteht die Sprache der

Fische. Wer so spricht
Kann sie vielleicht

Überreden ins Netz
Zu gehen. Aus

Geworfen am Schirm
Holt Dich die Wirklichkeit

Ein. Keine schillernden
Perlen. Die geschuppte

Luft ringt nach
Lust. Sprüh

Regen, aus
Laufende Körper

Flüssigkeiten auf dem
Förderband blank

Gezogene Klingen
Zerteilen die Schreie

Im Mund. Gerechte
Portionen. Schwimmt die

Fabrik kann schwimmen
Im Blut

Und braucht keine
Flossen zum Sterben

Reicht die Dose
Eine überschlagene

Kalkulation. Oder willst
Du lebendig an Land

Gespült werden? Die
Rettung in Kunst

Stoff gekleidet gibt sich
Als Insel: Eine einzige

Nadel brächte bereits
Die Luft zurück

An die frische
Luft. Mit der Muschel

Am Ohr
Vergrößert sich nur

Das Rauschen. Erst
Der Ozean

Weckt in Dir
Die Verwirrung.

DEINE AUGEN EMPFANGEN DIE STERNE
Achter Gesang

>Der Mond stößt in das Meer
>ein langes Horn aus Licht.
>*Federico García Lorca*

An Land schwankt
Der Boden unter

Den Füßen. Als wüchsen
Heute Schwimm

Häute zwischen den
Zehen. Ruht das

Bedürfnis mit Silber
Zu netzen die

Glieder? Aber es war
Jener Glanz, der Dich

Hinaus
Zog. Du wolltest ihn

An die Küste stemmen.
Fort.

Jetzt schläft im Eis
Schrank Gefrorenes

Lächeln. Aufgetaut
Schenken die leeren

Höhlen der Augen Dir
Keine Beachtung mehr.

Der Magen bittet sie
Nicht um Verzeihung. Im

Grunde ist es nichts
Weiter als eine nimmer

Müde Mühle. Mahlt Steine
Zu Sand. Eine Feile: Ab

Rundend die Kanten
Verlorener

Planken. Schleift das
Endliche Relief vielleicht

Endest auch Du
Als Abdruck. Weg

Gewischt, rein
Gewaschen. Immer gut

Für ein flüchtiges
Ritual. Dieses Gesicht

Im Kalkweiß der
Muschel verblaßt. Erobert

Sich Diesel einen festen
Platz in der Nase? Duft

Marken der Menstruation
Im Zyklus des

Mondes erinnert. Mikro
Wellen: Deine Augen

Empfangen die Sterne als
Licht. Kann sich

Die Position der Lampe
Verweigern? In Gedanken

Verletzt eine künstliche
Insel die See. Von ihr aus

Stößt das mächtige
Glied, die Rakete ins

Dunkel. Und wieder
Zündet eine

Kerze. Ihr Docht
Krümmt sich unter

Der Last der
Hitze. Wachs

Und das ganze
Laken versaut.

ZURÜCK ZU DEN KOLBEN!
Neunter Gesang

Maschinen, das stampfende
Orchester im Meeres

Graben. Krabben *umgangs*
Sprachlich für Kind, junges

Mädchen. Meintest Du
Nixe? Nix an und

Lange Beine, aus
Ufernd in Flossen. Ins

Fleisch geritzt des
Allerwertesten.

War es die
Nackte

Ahnung? Hat Dich der
Hals über Kopf über

Fallen mitten im Blau
Der Körper? Geriffelt.

Wer wollte wem
An die lockige

Scham? Ledig unterwegs
Im Heben und

Senken hilft die Vor
Stellung. Den Rest

Bewältigt die Hand des
Matrosen. Jemand

Spricht von See
Not und meint

Allein
Sein. Du, Dein

Eigener Herr
Kapitän, mußt klar

Schiff machen. Schluck für
Schluck verschwindet das

Feuer
Wasser im Schlund. Faucht

Der Rumpf oder
Gewinnt ihre Figur

Am Bug? Ober
Wasser. Was

Gurgelt da hängt der
Vorhang in Fetzen, die

Alte Schmugglerin Sonne
Strahlt. Hilft den

Tattoos auf
Die Sprünge. Trägt

Auch am Himmel
Rot. *Rotes Dach, feuchter*

Keller, sagt der Erste
Maschinist. Streift die

Rippen ab. Biegt ihr
Das Kreuz und ölt

Sein Getriebe. Zurück
Zu den Kolben! Verschwindet

Einfach im Bauch, aber
Ich reite lieber die See

Pferdchen, gestatten
Münchhausen. Nicht wahr

Da waren noch
Gräten? Dein Fisch

Skelett gleicht einer
Feder im prallen

Hintern der Südsee
Insulaner: *Happy*

Happy. Immer der Nase
Nach des Mannes so

Lang sein Johannes
Steht, sind die Molen

Auf dem Damm. *Ich
Bin so* frei

Zügig räkelt sich
Das ausgesetzte Bei

Boot im Papier
Meer, könnte

Kentern und versinkt
Tatsächlich vor den

Flammenden Blicken
Chinesischer Drachen

Aus Scham. Wer bis
Drei nicht auf dem

Mast ist, muß unter
Deck masturbieren.

Du bist Du und Dein
Stöhnen: vergeblich.

Liebesmühe für taube
Ohren. Als weiches

Ziel der Harpune taugen die
Dicken Fische

Sehr: Welcher Pfeil
Durchbohrt zuerst

Silikon? Mit der zweiten
Begrüßung endet die

Freundschaft im
Bett als Bügel

Falte.

Gringos am Sieden im Wasser
Zehnter Gesang

… verlagert sich
Der Verkehr von der

Straße auf das
Wasser. Ein Land

Arbeiter mit Schiff
Im Auge. Kreuz

Fahrer, Karneval in
Rio. Voll

Mond und voller
Furcht: *Wer*

Wolf. Die Jaguare
Die Bohnen

Kocher den ganzen
Tag Gringos am

Sieden im Wasser
Der Sage nach

Nackt. Mein Gott
Wie wackelt die

Mit dem Arsch
Tanzt? Da fliegt

Selbst der faule
Zauberer auf

Die Feuer
Kraft seiner Banane

Herein! Im Garten
Eden gürtet er

Kirschen aus Chile um
Sein Geschlecht, die

Hoden bleiben wo
Sie sind, aber laß das

Gas aus dem Sack
Verzeihung, Du platt

Deutsche Schlange mit
Brille, Dein Gift wirkt

Auf der langen
Nase ohne Serum

Kein Wort mehr
Darüber verlieren im

Tropischen Regen
Wald grast das

Rind
Vieh, BSE-freie

Zone, Touristen
An Bord kommt ein

Blinder
Passagier ins

Lesen, Kapitel
Sehen und

Gesehen wird
Schon ...

Es gibt noch mehr als die See
Elfter Gesang

Laß mir das
Plankton. Ich fühle

Die Schuld
Im brennenden

Auge erlöschen die
Sünden. Ja, ich

Nahm sie von
Hinten durch die

Linse auf dem
Wasser

Bett und ihr Gatte
Schaute zu

Dabei durch das
Schlüssel

Loch. Ein Auge
Blind, ich dränge

Ich dringe ein in die
Andere Form von

Höflichkeit. Tiefer
Tiefer, ja so

Ist das gut mit dem
Verlangen nach der

Dusche kommt die
Stunde der

Wahrheit ein gutes
Stück näher

Macht am
Ende: Zehn

Vater unser im
Himmel, drei Ave

Maria, Du armer
Teufel, von was

Ernährst Du Dich
Und die Deinen? Sprich

Die Heuer reicht nicht
Für heuer, die

Steuer
Mann, die

Zeche zahlst Du
Für einen Appel und

Ein Ei mehr als die
Putte, die Nutte im

Hafen will für Dich
Heute die Peitsche

Sein, aber dann
Steht der Mast

Schief. *Richte Dich
Auf* beim Morgen

Gebet, sagt sie *los*
Es gibt noch mehr

Im Leben eines
Mannes als die

See, fahr er mit
Streifen am Arm und

Striemen auf dem
Rücken zur

Hölle! Wind
Schaukel. Hänge

Partie. Es liegt sich
Gut auf ihr, aber aus

Gerechnet jetzt
Kehrt er

Heim in das
Leibliche

Wohl seiner
Ersten

Tage: *Der Leib C.*
Weicht als O

Blate nicht von der
Zunge, er schaukelt mit

Beschwingt und leicht
Verworfen schon immer

Geweiht, feuchter
Werdend, naß und

Schließlich ohne
Scharfe

Begrenzung am
Ende ganz auf

Gelöst.

Jeder Fisch lacht Dich aus
Zwölfter Gesang

> Wenn die Kraniche bellen
> Auf den tanzenden Wellen,
> Muß das Schifflein zerschellen.
> *Kurt Schwitters*

*Hier spricht der
Kapitän,* meine Verehrten

Damen und
Herren, unsere

Zukunft
Liegt im nassen

Element, bitte
Lassen Sie Ihre

Kleider an, auch
Schwimmer

Kommen mit
Angelegten

Ohren nicht mehr
Ans rettende

Ufer unter den
Palmen trinkt ein

Ertrinkender
Cola mit Schuß

Eis
Gekühlt gehen sie

Unter die Gürtel
Linie. Einzelne

Stücke Gepäck
Buntes

Treiben an
Land, gute

Dienste im zweiten
Leben erfüllt die

Innere
Mission ihren

Zweck und jedes
Kleine

Ding hat seinen
Schatz auf der

Korallenbank
Liegen die

Dinge sicher
Ganz einfach

Flach
Legen ist besser

Als die schiefe
Lage der Wo

Du Priester der
Böhmisch

Katholischen
Kirche auf CD

ROM: Kinder
Los, Kleider

Los, traurig
Spenden einander

Trost, nackig, es
Geht zu Ende mit

Ihnen das Jahr des
Affen. Schwimm

Weiter, Salz
Trägt bis es

Nicht mehr
Trägt. Dann

Winkt der
Abschied von oben

Nach unten. Du
Kriechst unter die

Decke der
Wellen. Du siehst

Was Dir vertraut
Schien in anderem

Licht, bis Du
Nichts mehr

Bist. Zieh Dich
An. Jeder Fisch

Lacht Dich
Aus.

Das Meeres Früchtchen
Dreizehnter Gesang

Während die
Steife Brise sich

Schüttelt vor
Lachen: Um Gottes

Willen, was
Haben sie Dir

In den Tee
Getan? Wieviel

Prozent brauchst Du
Noch um zu

Kichern, wieviel
Erbsen zum

Zählen, ein
Hoch, einen Sturm

Ein Gebirge unter
Wasser das Gefühl

Nichts zu sein
Und alles

Zu geben von sich
Allen mit einer

Vergrößerten Leber im
Ohr liegen als edler

Spender im Netz
Strumpf verhangen

Zappelnd, so nicht
Nicht so

Hastig. Sweet
Baby. Blond

Locke lockt. Geht
Baden, voll auf

Getakelt. Gegen See
Manns Braut kein

Kraut: Gewaschen
Steht er schon

Auf der Matte. Sie
Kommt gleich zur

Sache. Diese
Lache. Das Meeres

Früchtchen. Wasser
Schild

Kröte. Tendenz auf
Steigend. Vorher

Sage Suppe aus
Löffeln. Sage

Und schreibe: *Fahren
Allein.* Lassen das

Schwein raus zu
Hause wartet wer

Angeseilt, stand
Haft bleibt die

Naßzelle blau
Die Welt durch das

Runde
Fenster betrachtet

Wüst
Gestrichen, die

Faxen dicke. Spielend
Runter spülen. Geht

Locker von der Hand
Arbeit kommen die

Schwielen. Schwellen
Die Dielen, das Schiffs

Parkett: Guter
Grund für Aus

Rutscher. Grollen
Hegt Donner, träumt

Sich durch die
Welt. Meere als

Land geboren, Land
Ratten schon immer

Durstig, die See
Löwen ab

Serviert mit
Krokodils

Tränen.

Die glänzende Zukunft im Fischauge
Vierzehnter Gesang

Indianer kennt keinen
Scherz. Der läßt

Nicht mit sich
Reden, es bleibt

Bei der Abfahrt
Mit oder ohne

Fracht. Die Pumpen
Spucken schon zähe

Brühe ins Becken
Grünes Wasser

Zeichen der möglichen
Havarie. Nicht auf

Draht das Kabel, Glas
Faser versunken in

Gedanken, grundlos
Abgespult. An

Genommen Du
Am anderen Ende der

Leitung weg
Getaucht in den

Untergrund, die
Stimme der

Sirene neu
Gestimmt. Heißt

Atlantik
Kabel und singt

Tief im Funk
Fern

Verkehr. *Läuft
Sich gar nichts*

Heiß. Glüht vor
Eifer

Sucht. Zieh
Am Tau, zieh

Dich aus, zieh
Mich an. Der

Schock schüttelt die
Fliehkraft im

Schwimm
Reifen. Flügel

Arme lang, die
Kiemen. Beißer

Friß die halbe
Portion

Fisch, das Netz
Angepeilt. Blink

Boje. Such
Hilfe! Die holt

Dich ein. Zappel
Philipp. Wetzt

Schon das
Messer

Schuppt ab
Gebissen. Luft

Schnapper, schnapp
Zu. Ich will den

Finger unversehrt.
Will geheilt sein, heilige

Madonna, das
Müde schimmert so

Durch die glänzende
Zukunft im Fisch

Auge ab
Gelaicht, Eier

Kopf. Trüb
Salz, Blase.

Bläser, Ensemble
Eine Zierde für alle

Muscheln. Hört
Hin und

Weg. Dreht an
Der Winde. An

Gedreht. Soviel
Schmiere. So

Geschmiert, der Ruß
Kopf. Dem gehört

Die Kalte
Dusche. Schultert

Eine richtige
Abreibung. Schraubt

Sich in den
Abfluß. *Ja*

Ich will endlich
Durch das Loch

Verschwinden.

Schützt die Gräten, schützt das Filet!
Fünfzehnter Gesang

Ich bin nicht mehr
Herr

Meiner Sinne. Ich
Rinne aus. Der

Bist Du. Wer
Streift Dir das Öl

Zeug ab. Durch
Die Mitte. Hat zu

Knabbern die
Krabbe am Koch

Topf als siedender
Ruhepol. *Ruhe*

Sanft in Dir
Buddha

Schwimm
Götze, Rost

Braune Wampe
Versunken

Schnabel
Artig verlängert.

Schnauze, Du
Fröhlicher Geselle in

Menschlicher
Gesellschaft. Verkleidet

Als steiler Zahn
Wal. Nennst Dich

Delphin. Sprichst
Für Dich. Die

Sprache der Wale im
Fluß. Hört auf

Zu fließen das
Signal. Pfeift

Dir nach oder
Was tutet so

Laut? Verschreckt
Die Tiere. All

Mächtiger Gott des
Meeres

Tosen lieb
Kost vom Hören

Sagen Kost
Verächter. Meinen

Der ißt keine
Fische. Der ist

Selber einer. Von
Der friedvollen

Sorte. Ein
Schwärmer. Nachts aus

Schwärmend.
Schwarm

Drüber. Saugt
Sich fest. So ein

Abtaucher. Immer
In Deckung unter

Anderen trifft es die
Richtigen. Manchmal

Schwimmst Du
Einfach mit. Oben

Steigen die Blasen
Werte. Meldet sich

Luft. Im Hafen
Bläst schon wieder

Der Wind, eine
Den anderen. Der

Kommt ihr
Spanisch vor und

Kommt wie ein
Spanier. Nicht

Fisch, nicht sündiges
Fleisch unter

Fünfzig nichts
Dabei. Keiner

Aus der
Dose. Gleiten

Und Reiten unter
Arten: Schützt die

Gräten, schützt das
Filet! Stück, ich

Schneide gut ab
Aus Appetit

Nach den
Großen

Fischen die
Größeren

Fischer, Hacker
Blut

Sturz, betroffen
Alles kurz und

Klein, in Scheiben
Zehner

Pack, ein
Geschweißt.

DICKER THUNFISCH REISST DICH MIT
Sechzehnter Gesang

> Licht verlöscht auf dem Meer und Vielerlei
> »Hängt in der Luft und ruft dein Bild herauf«
> *Ezra Pound*

Leben unter Wasser:
Gute Nacht. Schnell auf

Taucht wer tot ist
Krault ewig

Weiter
In Gedanken nichts

Als ein gesegneter
Appetit, Zügler. Ein

Druck in der Druck
Kammer. Ein Herz

In der Herz
Klammer. Zu. Herzt

Die Glocke. Sauer
Stoff. Lieber ohne

Maske nie. Will nicht
Schlagen. Scherz

Attacke. Nur
Schnorcheln. Nur

Sehen, Riechen
Schmecken. Die

See. Bleiben aber
Unten. Wieviel

Minuten. Die Lungen
Maschine. Zähl

Einundzwanzig, zwei
Undzwanzig, drei

Und rauf! Andere
Länger, manche

Für immer. Lauschen
Den Muscheln. *Die*

Kormorane fischen alle
Fische weg.

Wer schützt die
Fischer schießen an

Land alles
Junge macht

Paff. Fliegen die
Federn. Rettet die

Brut, so wahr mir
Gott: *Jeder Tote*

Läßt hundert über
Leben. Da schmilzt

Die See, Zunge
Das Reib

Eisen. Fischers
Fritze: *Mein Meer*

Ist ein Schild
Aus schwarzem

Metall. Blech
Redner, trunken

Bricht das beredte
Schweigen.

Ich kenne die
Fische. Sind wie

Wir, neu
Gierig. (Gefangen

Schon vor dem Fang
Im Aquarium. Das

Verfluchte Meer, ein
Einziges Seemanns

Grab. Madonna, die
Du am Ufer nagst

Du gehörst
Eingedeicht.) *Du*

Mußt aber
Fischen. Beim Fischen

Eine Wolke machen
Sand auf

Werfen. Die kommen
Wollen sehen, was

Los ist bei
Anderen auf den

Boden klopfen, tock
Tock. Mit einer

*Koralle kratzen
Krrrrrsch. Oder*

*Grunzen wie ein
Schwein.* In die

Schläfe zielen, aber
Nur am Bauch

Treffen: Dicker Thun
Fisch reißt Dich

Mit. Du reist ohne
Atem tief, sehr

Bewußt
Los ins

Schwarz.

Land unter quakenden Tankern
Siebzehnter Gesang

Hast Du gesehen
Knall

Gelbes U-Boot?
Da sitzen

Beatles drin
Vielleicht

Lang
Haarig. Lang

Armig. Machen
Winke

Winke. Kein Krebs
Winkt zurück

Wächst der
Fisch im

Bauch ein
Hallo wach? Wer

Nicht winkt, der
Singt. Der sinkt

Im Knaben
Chor. Ganz Ohr.

Der singt ein
Hohes »G«, das

Hat sich
Gewaschen. Flüssig

Auf Konserve. Da
Lacht der Fisch

Im Fisch sich
Krank. An Bord

Raketen statt
Lieder. Spiel mir

Den Big
Bang. Du:

*Müssen mal
Füttern die*

*Enten der US
Navy.* Bikini

Atoll am Spind
Recht frei

Zügig. Aber ohne
Hose

Baden verboten.
Vorboten des

Guten Hula
Hoop. Welle, Wind

Auf Wasser über
Trägt sich

Energie, das
Becken kreist, die

Kämme stürzen nach
Vorn, die Kronen

Weiß der
Schaum, der Strand

Das Sand
Korn weiß, wer unter

Liegt ist unten
Schon die Monster

Woge oben, fünfund
Zwanzig Meter hoch

Gut drauf, der Kopf
Der Tropf raucht

Shit, aber wer
Schießt benebelt ins

Wasser
Kraut? Der die See

Shakert läßt uns
Reiern. Bitte sei

Einer und zieh
Den kürzeren

Colt. Da johlt die
Brücke, das flotte

Kommando: *Butter bei
Die Fische!* Dann

Bebt der
Rumpf vom Kontra

Baß. Leitet Wasser
Den Strom in die

Röhre
Geguckt. Verstärktes

Gelb. Tönt wie *Brüder*
Zur Sonne. Aber

Der Himmel kann
Schwimmen

Krault auch unter
Dem Meeres

Spiegel.
Halt, wer da, wer

Gibt den See
Igel? Oben ist

Unten. Ein sanfter
Tritt in die bunten

Stacheln. *Fakir*
Du Sack, Du Nagel

Hüpfer auf heißen
Kohl. Dampf. Unten

Ist unten. Unken die
Rufe. Ein dreifach

Blasen. Hoch! An
Blasen! Ab

Blasen die
Jagd ist aus

Sitzen
Auf Grund. In der

Tinte von Tunten
Fischen, plappert

Der zweite See
Papagei etwas wie

Spatenruder. Zu
Spat. Der bunte

Vogel kommt in
Schwung: *In the*

*Town where I was
Born,* da war ein

Mann, der zur
See

Fuhr, *and he told
Us of his*

Life und wir
Lebten auf

Und über
Lebten im

Gesang, in der
Erinnerung an jenes

U-Boot
Land unter

Quakenden
Tankern: *Quamvis*

*Sint sub aqua
Sub aqua maledicere*

Temptant. Alle
Wollen mit

Dem gelben
U-Boot fahrn, nur

Die Dünen
Schütteln den

Sand ab und
Ziehen

Weiter.

TRÄGT DAS SALZ SANDALEN?
Achtzehnter Gesang

Neptun, behalte
Dein Dynamit.

Du sprengst das
Blau

Indem Du es
Aufrollst. Du

Wickelst ein
Was Dir

Gefällt: Muscheln
Perlen

Menschen, den
Himmel, drei

Zacken aus der
Krone gebrochen

Im Rausch
Schlägt alles aus

Der Art, auch
Wasser, der rote

Wein färbt das
Tote

Meer und Jahre
Vergehen bis einer

Kommt und die
See entkorkt. Lange

Zu lange sind
Unzählige

Kehlen durstig
Geblieben mitten

Im Nassen ihre
Seelen in Not

Aufgequollen zu
Teig verwandelt

Irr
Fahrer. Geblähtes

Segel, Schul
Schiff. Lernende

Tag für
Tag, Lärm

Ende: Treib
Holz oder

Krokodil auf der
Lauer?

Trägt das
Salz

Sandalen vielleicht
Auch den ganzen

Kerl? Sicher
War das Schiff schon

Geschmolzen, ehe es
Ankam im Eis

Schrank meditiert
Der Piranha über

Ein gerissenes
Glied in der

Nahrungs
Kette.

DER SEEANEMONEN CLOWN
Neunzehnter Gesang

Guter Wurf: Vater
Und sein Schwur

Zur Schnur des
Nabels.

*Ins Meer damit
Der Junge*

Fischer wird. Nicht
Vergraben sonst

Gibt's nur einen
Bauern, der jagt

Kleine Fische hinter
Glas: Clowns z. B.

Im Indischen
Ozean. Wo

Schwebt das
Gesuchte

Plankton? Dieser
Geschuppte

Flieht bei
Gefahr in den

Wald nesselnder
Fang

Arme. Der See
Anemonen Clown

Fischt das Gift
Von der heiteren

Seite, schon
Nach dem ersten

Kontakt immun
Im Angriff *Tock*

Tock und selbst
Ein imaginärer

Gegner
Verzieht sich

Zu Füßen der
Blume

Bleibt auch
Die Brut

Für immer
Nah.

Hinter jedem Zahn ein Zahn
Zwanzigster Gesang

> Und der Haifisch, der hat Zähne
> *Bertolt Brecht*

Nicht nur im Mund, auch
Auf der Haut

Da sitzen Haut
Zähne aus Zahn

Bein, Zahn
Schmelz, millionenfach

Der Mensch, der hegt
Das Tier in sich

Der putzt die Zähne
Blank und zieht die

Klingen: Messer
Schere, Säge, Licht

Und das scharfe
Auge sticht wer aus

Wer zahnt so steil
Und immer zieht er

Ab die Ober
Leder / Unter

Haut. Der Kiefer
Bauchseits.

Greifen ihre
Beute von und zu

Von unten her nach
Oben an. Der Ober

Kiefer frei
Beweglich hinter

Jedem Zahn ein
Zahn, der bei Verlust

Sich nachschiebt in das
Weiß der Zahn

Falle, die schnappt
Im Fall des

Falles zu. Dann fang
Schon an das Ab

Schlachten. Die
Flossen auf den

Plan, hopp
Hopp, damit die

Quote schwimmt
Noch immer

Frißt der Mensch den
Fisch der Menschen

Frißt und mager
Stirbt im Magen

Ist die Sage
Tot, das Paradies

Wo alles schon
Gegessen ist und

Schnell vergessen
Wird, was dort

Seit gestern
Kocht im Blut

Rausch klebt ein
Rest am Stiel des

Löffels, der die Suppe
Auszulöffeln hat, der

Erste Kommissar ißt
Lieber Rot als

Tot, ist hoch
Gestimmt im Parlament

Der Schleppnetz
Fischerei ein klares

Ja sofort für alle
Die als Beute

Enden sollen aber
Überleben

Wollen mischt ein
Paragraph die

Gene neu, das
Risiko der Art

Erhaltung ist
Gering, als durch

Laufender Posten
Kosten

Minimiert, damit
Erledigt werden kann

Was guten
Willens war zu

Töten und am
Ende selbst für

Einen guten
Zweck die Welt

Verläßt
Durch einen

Fremden
Arsch.

Jeder zahnt verloren
Einundzwanzigster Gesang

Algenkost bevorzugt.
Doktorfische gemein, alle:

Rasiermesserscharfe
Stacheln. Stacheln auf.

Beide Seiten des
Schwanzstiels

Flach am Körper bei
Gefahr zur Abwehr

Gespreizt die Waffe
Skalpell

Im Namen des
Arztes giftig

Verzehr
Schmerzhaft

Entzündete
Menschen:

Heile, heile
Segen, drei

Tage liegen, aus
Kotzen

Den Fisch, aber
Der Stachel sitzt

Noch tief im
Magen. Hören

Sagen Fisch
Auch unter

Haken bei
Schlafen an

Felsen fest. See
Wolf dagegen

Kalt. Kaltes
Meer. Jeder

Zahnt
Verloren. Alt

Durch Neu
Ersetzt, auch

Flossen
Auch Schuppen

Andere Körper
Teile wie Mann

Verliert Schwanz
Wächst wider

Natur nicht
Nach. Schwimm

Wolf beißt das
Umworbene

Weibchen
Zärtlich mit

Zähnen.
Auch bei Revier

Kampf Zahn
Auf Zahn um die

Gunst des
Händlers ohne

Kopf, enthäutet zum
Kauf: *Frische*

Karbonaden
Fische, geräucherte

Fische, frische
Fischköpfe! Auf

Gerissene
Augen. Das

War's. Gold
Fisch mit

Wampe zückt
Börse und

Schwimmt
Trauer

Schleifen. Frisch
Halte

Becken oder
Aquarium auf dem

Schirm verfüttert
Fisch, Mehl

Verlangt mehr
Köder, Bytes.

Alles Ebbe, der Beutel füllt sich
Zweiundzwanzigster Gesang

Der immer
Währende Dreh:

Wie lange noch
Braucht der

Mond die Sonne
Die Erde für dieses

Abgekartete
Spiel mit

Den Gezeiten
Hebt und

Senkt sich was
Alle zwölf

Stunden und fünf
Und zwanzig

Minuten schwappt der
Ozean über die

Fische schießen
Aus der Wanne

Nach Bainbridge
Berechne ihre höchste

Geschwindigkeit: v
Für Geschwindigkeit in

Zentimeter pro
Sekunde // l für die

Länge des Fisches
In Zentimeter // f

Für die Schwanz
Schlag

Frequenz
Pro Sekunde // v =

¼ [l (3f-4)] oder zähl
Besser bis

Drei, bete und
Bette Dich schnell

So schnell Du
Kannst selig sein

Der, den sie will
Und der, der sie

Hat und für den
Sie stöhnt, wenn

Sein Anker ermüdet
Bei der Sache

Ist die Zunge zur
Stelle, während

Ein Finger
Abtaucht und

Kreise beschreibt
Die Natur als Zirkel

Schluß mit dem
Mittel, dem Maß aller

Dinge in ihr und
Mit ihm

Zerrt die
Perle an der

Kette, dem Kranz
Einer Rose fehlt

Die Knospe, das zweite
Glied steht schon

In der Kreide beim
Wort des

Lebendigen
Herrn

Kapitän: Der kleinste
Gemeinsame

Nenner heißt *alles
Ebbe*, der Beutel

Füllt sich mit
Blei an den

Füßen
Nimmt auch

Der leichte
Matrose zu

Wasser
Ab.

Die Hose in der Hose winkt
Dreiundzwanzigster Gesang

Marine. Blau, der
Matrose liebt alles

Was klar ist und
Maria, weil mit ihr

Alles klar ist, aber
Sie ist verliebt

In den Satz *Nichts*
Wie weg. Raus hier

Aus diesem Loch
Solange noch eine

Birne glüht. *Jedes*
Volk hat die an der

Macht, die es
Verdient und Du

Hast einen schönen
Namen

Maria, und ein tiefes
Loch und Kaffee

Braune Haut, schwarze
Augen und Locken oben

Locken unten, die
Sich kräuseln, locken

Heilige Maria
Das ist es

Was ich so liebe
An Dir, Du bist mein

Land, meine Heimat
Ist Dein

Loch. Spricht es
Und nimmt einen

Kräftigen Schluck aus
Der Pulle. *Aber*

Verdienen wir
Castro? Habt Ihr Hitler

Verdient und alle
Führer nach ihm? Schlägt

Jedes Herz höher
Wenn es nur weich

Beritten wird? Und so
Ruf ruhig meinen

Richtigen Namen:
Reiterin.

Ich bereite Dich
Vor für die große, die

Letzte Fahrt vielleicht
Denn jede

Kann die letzte
Sein in der Erinnerung

Fahre ich mit
Dir

Hinaus: Tagsüber
Blieben die Segel

Gespannt auf der
Fahrt durch die

Wogen. *Ich bin
Ihr Meer, mein*

*Herr, Sie sind
Der Sturm, mein*

*Los ist dieses
Kleid auf dem*

*Zitronen blühn und
Die Orange scheint*

*Als Sonne über
Meinen Kopf zu*

*Ziehn und beide
Äpfel zum Verzehr*

*Und meine Pflaume
Zum Verkehr.* Ein

Vollmatrose schnellt
Aus seiner Hose und

Die Hose in der
Hose winkt als

Wimpel von
Der Decke. Lecken

Bitte lächeln, nur
Ein Foto

Ja, so bleiben, ja
So ist es

Gut. *Und jetzt die
Fahne hoch!*

DIE SEE IST NACKT IM TAKT
Vierundzwanzigster Gesang

> ich bin'n Wrack
> ich bin'n Wrack
> nur eine stinkige Landratte
> *Hannes Kröger, Der Blonde Hans*

Ständiger Austausch
Zwischen den

Ozeanen und der
Atmosphäre: Meer

Wasser
Verdunstet

War ein Lied
Im Ohr

Matrosen voll
Die Hosen

Vollmatrosen halb
So toll so

Voll so ganz
Wie der *Ich-heiße-*

Hans im Glück
Der Blonde

Hans, der kanns
Mein Name

Kröger, Große
Freiheit, ich komm

Aus ohne die
Gaulwurst nie

Ganz alle
Fall vom Fleisch

So tief
Wie von der

Rolle der Pferde
Metzger zum

Beispiel in
Amsterdam

Verdurstet, verdunstet
In warmen tropischen

Gebieten am
Äquator und läßt das

Salz im Ozean
Zurück …

Die Vorhaut zieht
Es zieht

Die Türe zu
Gedröhnt sie zieht

Er zieht am
Kraut sie ist

Schon aus
Geschlachtet

Rot so clean
Ex Tuch beschwert

Der Vorhang fällt
Das ist der blonde

Hans ... er spielt
Zum Tanz und kehrt

Als Schnee, als
Regen ein

Als Segen in den
Ozean zurück

Gezogen zieht
Ihn mit und macht

Die Beine lang und
Breit da lacht das

Glied sie nicht
Mehr an, es

Singt sie sinkt der
Wasserdampf wird

Durch die Luft
In Richtung Pole

Transportiert
Und kondensiert

Durch Abkühlung der
Luft als Lust

Schaukel auf Riff
Und zwingt sie beide

In die Knie
Kehlen, oh Mann

So heiser bläst der
Wind mich durch

Die Ritzen *hier*
Die Große Freiheit

Die mich fix und
Fertig macht so wie

Das Meer nie mehr
An Land die See

Ist nackt im Takt
Das macht wieviel

Mein Herr für Sie
Umsonst ist nur

Der Tod geschenkt
Der kleine steht

Und fällt ins Wort, das
Geht ins Kreuz

So spricht der
Herr, bleib auf der

Hut und laß
Die arme

Haut in Ruh, laß
Dieser Tube ihren

Senf, wer weiß
Für was sie ihn noch

Braucht, denn wenn er
Raucht, schießt ihr

Das Blut so schnell
Bis in den Kopf so hell

Ist ihre Haut schon aus
Der Mode, braun

Gebrannt heißt jetzt
Das gute Hüllen

Los, spitz an den
Pfeil so lang er

Spritzen kann ist es
Nur gut, er tut

So gut was er tun
Kann bringt sie in

Schwung, das was die
Rundungen betrifft, sind

Sie ganz unbedeckt und
Gut beleckt, aber *auf die*

Dauer macht mich das
Alles hier verrückt

Befleckt, was steht
Das stand auf dem

Papier, sie wischt
Am Ende wieder nur

Das frische
Wasser kommt

Durch all die
Strömungen zu ihr

Äquator, wo der
Kreislauf neu

Beginnt, da ist
Der Beutel

Leer, der Tränen
Sack, die Gischt

Am Boden weg
Damit sie wischen

Kann, wichst er *jeden*
Abend den selben

Spektakel hier
In dem Bums

Immer den Affen
Machen

Verdammt, das große
Glück ist unterwegs

Auf See und ich halte
Hier die Stellung

Und sie hält mich
Nicht länger in ihren

Fängen verarme ich
Und wenn

Ich anheuern wollte
Könnte ich

Morgen noch
Anmustern.

Tiriliert der Matrose
Fünfundzwanzigster Gesang

Verdrahtet, die
Hymne, die Stimme

Des Volkes nach der
Ausfahrt vor

Der Einfahrt nach
Dem Hafen

Becken links
Rechts Hamburg

Schiffsbegrüßung
Auf die deutsche

Art, ganz klein
Laut

Sprecher leiert so
Einig und Recht und

Freiheit und etwas
Verblühter Glanz, ein

Schmalz im Ohr
In der Stimme wie

Blüh im
Glaahanze dieses

Glüühückes
Unter- oder Flaschen-

Oder Dosen
Pfand, aber bitte

Blüh schon
Endlich, blüh

Du braune Klo
Bürste wartest auch

Schon auf Befreiung
Von der Kruste

Abgemüht, ab
Gebrüht mit Chemie

Oder Scheuern, denn
Morgen ist ein anderer

Tag mit frischer
Scheiße *und ich klebe*

Weiter an ihr und alles
Stinkt wie sonst

Nach Pisse, Öl, nach
Schimmel, Sperma

Schweiß, Blüten
Weiß leiert es draußen

Bei Kaffee und
Suchen

Matrosen, *Kuckuck*
Rufen sie, sitzen

Sie machen Winke
Und lachen dabei

Winke, leiert es
Weiter wie hier *blüh*

Tiriliert der Matrose mit
Blüh schon

Die Ohren auf
Durchzug gestellt und

Schnell einen falschen
Schwur auf die Treue

Geleistet, zurück zur
Natur, aber

Er steckt dabei seine
Nase zu tief in ihr

Geschlecht und riecht
Havanna und

Deutschland ist fern, je
Doch diese Blüte hier

Nah, noch zu haben
Und duftet so

Anders als der
Bauch des Frachters

Teutonia, hoffentlich
Sind Deine Jahre

Gezählt auf See
Und das Tätarä

Bei Hamburg
Höre ich lieber die

Leisen, die heißen
Töne, ihr Bett auf der

Zuckerrohrinsel
Fiepen, dem fehlt der

Schmierstoff vielleicht
Oder Benzin ist es

Ein Wimmern
Stottert der

Motor, während es
Auf und ab

Geht mit
Wem?

DIE KRABBEN ABER SCHMECKEN FEIN
Sechsundzwanzigster Gesang

Die See diktiert
Den Schaum. Wer

Sand faßt, nimmt
Ein Bad und

Schüttelt sich die
Augen aus. Und

Sieht zehn Füße
Fühler zwei, zu

Lange unter Wolken
Welkt der Kutter ab

Gepult ins
Rot, ins Morgen

Grauen wo der
Blitz die Position

Am Mast angibt
Spult jener Turm an

Land das Licht auf
Und zurück

Fließt grelles
Weiß nicht wo

Das Feuer steht
Aber wer feuert

Kurz, lang, kurz?
Und sag, wer

Hebt den Küsten
Ihren Rock, das

Fanggeschirr des
Fischers weit

Geöffnet, zeigt nur
Haut und Knochen

Fische, Krebs
Der Möwen

Schrei klingt sehr
Nach Mensch

Kommt lange
Nichts, die Krabben

Aber schmecken
Fein. Der gut

Betuchte Herr
Trägt gern

Geschuppt und
Hütchen führt er

Aus im Anzug
Noppen und

Dragees mit Lust
Aroma: *Krabbe*

Nennt er seine
Kleine und er

Wetzt schon Gabel
Messer. Scharf

Und heiß
Zergeht nicht

Fisch, ihr zartes
Fleisch. Nur

Butter schmilzt so
Samtig weich unter

Den dritten
Zähnen

Schneiden sich die
Guten Geister

Nie: *Gehen aber*
Mit Schnee, meiden

Vollmond, nervös
Beim Wechseln des

Panzers, beim Ab
Laichen oder bei

Klarer See. Gleich
Gekocht an Bord

Damit sie knacken
Beim ersten

Biß, die
Mädchen.

DIE SEEJUNGFRAU, NICHT JUGENDFREI
Siebenundzwanzigster Gesang

Sag, wo drückt der
Schuh? Gib

Stoff, der Fischer
Flucht. Sein Motor

Springt
Nicht an. Es

Rast das Blut im
Kopf, ein

Taxi übers
Meer. Da hüpft

Frau Früh
Ling aus der

Fähre: Hidden
See, fern

Ost für Sieben
Euro

Fünfzig einfach
Diesel, die Zunge

Raus. Bäh, so
Schmeckt das

Salz an Bord
Nach Curry

Wurst mit
Senf. Verlandet

Will wer
Wandern, aber

Heiß hier und
Da stemmt er

Seine Pickel
In die See

Jungfrau, nicht
Jugendfrei als

Tätowierung, zieht
Die Lippen auf

Und einer hält sich
Mächtig ran

Bei ihr im Wasser ein
Verleibt zwei

Bälle treiben
Worte vor sich

Her: *Wir können
Besser und wie*

*Viele an einem
Tag oder die*

*Natur macht
Noch immer*

*Die schönsten
Dauer*

Wellen (Frisör
Zur Bö). Als

Leuchtturm kommt
Das Feuer

Zeug groß raus
Ich zünd Dir eine

Und Du ziehst
Hinter dem Rauch

Zwei Birnen aus
Den Wolken, löst

Den Halter vor
Dem Strumpf

Band weide ich
Die Augen

Und so zart
Besaitet

Hebt sich
Eine

Ab von der
Anderen

Düne im
Grünen

Slip
Kontakt

Linsen zwei
Deckel und

Ein Tropf, *so*
Viel Gepäck

Immer dabei
Das geht ins

Kreuz beim Akt
Schützt Euer

Land vor Brand
Ein rotes Tuch

Verdeckt die
Scham des

Pyromanen.

Nassforsch grüsst der Frosch
Achtundzwanzigster Gesang

Ein leichter Korken, tanzt ich dahin auf steiler Welle:
Die erste Meerfahrt haben die Stürme benedeit.
Arthur Rimbaud

Großer Fang. Was nicht
Dabei war, ist ein Raub

Des Mundes. Flammen
Farben. Tote

Pracht, die
Bebt auf Zeit. Der

Magen knurrt. Und
Hunger kommt

Vom Salz der
Pole

Kappen
Schmelzen. Jener

Golf soll kälter
Strömen, heißt es

Eis
Zeit oder Sand

Der neue
Wüsten sich

Erschließt. *Die
Rhythmen und

Delirien, das
Blau* vergessen im

Gespräch. Sagt
Untergang und greift

Dabei nicht nur
Symbolisch an

Das eigene
Geschlecht, um Miß

Gunst einzudämmen.
Spucke macht den

Stab geschmeidig.
Gleitend wächst

Was drängt in
Vorgestellte Falten

Gibt der Finger
Fleißig einen Kelch

Die Hand zur Faust
Geballt, den Stengel fest

Umschlossen. Reibt
Und stößt dabei

Nach vorne spitz
Ins Leere. Pocht. Die

Zweite Hand
Beschreibt indessen

Kreise, was
Jetzt schneller

Schlägt ein Herz und
Diese Ballen

Simulieren weiter
Sanft die Muschel

Wand, bis dann der
Knoten platzt und

Kurz ein warmer
Strahl ins Rosa

Schießt und weiß
Die Innenflächen

Füllt mit etwas
Gelb gemischt der

Flecken auf die
Wand gekommen wie

Eine Jungfrau zu
Ihrem Kind, rauh

Faser
Tapete, tropft

Als frisches
Wachs zum Boden

Rührt die Blüten
Soße an zwei

Entblößte
Sohlen, kalter

Kleister jetzt. So
Nennt ihn

Taschenkrebs
Und sagt von mir

Aus nur der Kleine
Kleide die

Gedanken neu
Und mit ihm

Schrumpfe all
Die Macht der

Bösen
Rede: Gold

Ist Schweigen, Silber
Nur ein Streif vom

Schiffsrumpf, steif
Vom Netzstrumpf, naß

Forsch grüßt der
Frosch den nackten

Geist.

Hammer und Mond, Sichel
Neunundzwanzigster Gesang

Raus im Neopren
Anzug über

Kleine spitze
Muscheln, über

Stolper
Steine, die sich

Selbst
Erregen über

Empfindliche
Sohlen vor der

Saison kein
Korb, zwei

Körbchen nur
Ungepudert

Das Gesicht einer
Nacht

Tischlampe
Errötet

Nach starker
Sonneneinwirkung

Sogar um diese
Jahreszeit

Pimpern sie
Das Ozon

Loch mit Meeres
Duft ohne

Erklärung für die
Geburt der

Geometrie im
Sand

Rippeln
Streicht die Welle

Behutsam im flachen
Wasser über den fein

Körnigen Meeres
Boden auf

Schwankendem
Grund, der

Schwere Stand
Auf dem Strand

In Sand gesetzte
Kreide

Tafel: *Gekochtes
Chinesisches Fluß*

*Krebsfleisch
Geschälte Tiger*

*Garnelen, indonesisch
Aus Aqua*

*Kulturen, bangladeschische
Süßwasser*

Riesengarnelen
Kopflos, roh

In Schale, Block
Gefroren. All

Zeit bereit, der
Bagger für die

Öffnung der Schiff
Fahrtrinne auf

Transparent
Papier: Weiße

Fische als
Logo, mikro

Gerastert hinter
Der Einflug

Schneise, die
Blaue Folie steht

Gerade für das
Motiv Himmel oder

Wasser
Bad mit See

Schaum
Vor dem Plan

Mäßigen
Untergang des

Sonnensegels
In türkis geregelte

Stoffbahnen, aber
Das Gestirn

Ist bereits elektrisch
Eingeholt und auf

Gebügelt auf Rot
Goldene Damen

Unter
Wäsche mit

Hammer und
Mond, Sichel

Applikation.

Rauschen unterbrochen
Dreißigster Gesang

Verdammt, wer hat
Den Fisch dort

Abgelegt und sterben
Lassen beide Vögel

Neben ihm, die
Flattern noch

Im Wind zu wenig
Umgedreht der

Hals, man ißt so
Roh und tötet alles

Ab, was lebt, das
Wird gewogen und zu

Leicht befunden, aus
Verkauft, die Flucht der

Bäume vor dem
Mensch macht keinen

Großen Wind. Nur
Eingewurzelt, fest im

Sand, aber wohin
Gekrümmt? So duck

Dich schon, denn eine
Säge wartet auch

Auf Dich im Schilf da
Windet wer Dir

Einen Kranz? Verbindet
Sich mit Bernstein

Eingeschlossen
Dieser Blick ins

Schielen. Rauschen
Unterbrochen, ein

Ununterbrochener
Rausch. *Wie mir das*

Wasser
Schmeckte, das grün

Durchs Holz mir
Drang. Wer

Wollte seine
Hand erheben

Gegen dieses
Relief der Küste?

Fuchtelnde Funk
Finger, verschlüsselte

Nebel
Kerzen. Augen

Nase, Ohren zu.
Tatatata

Der Tanker ist da
Und keiner sieht, hört

Riecht ihn draußen
Die Signale

Vielleicht funkt es.
Bleib wo Du

Bist, denn so
Behältst Du den

Ersten Akt in guter
Erinnerung.

Anhang

Quellen und Hinweise

Das Versmotto dieses Bandes *(Sieh mich, das Meer, das dir zu Füßen brandet)* stammt aus dem gleichnamigen Gedicht von Ricarda Huch. Zitiert aus: *Ricarda Huch. Gesammelte Werke, Band 5.* Herausgegeben von Wilhelm Emrich, Verlag Kiepenheuer & Witsch, Köln 1971.

Das Motto des Vierten Gesangs stammt aus dem Gedicht *Weltende* von Jakob van Hoddis. Zitiert aus: *Menschheitsdämmerung. Symphonie jüngster Dichtung.* Herausgegeben von Kurt Pinthus. Ernst Rowohlt Verlag, Berlin 1920.

Als weiterführende Lektüre zum Fünften Gesang wird die Internetseite www.tabla-site.de empfohlen. Sie bietet u. a. auch eine kurze Einführung in die indische Musik.

Das Motto des Achten Gesangs stammt aus dem Gedicht *Zweiter Jahrestag* von Federico García Lorca. Zitiert aus: *Federico García Lorca. Werke in drei Bänden. Erster Band, Gedichte.* Ausgewählt und übertragen von Enrique Beck. Insel Verlag, Frankfurt am Main 1982.

Das Motto des Zwölften Gesangs stammt aus dem Gedicht *Seenot* von Kurt Schwitters. Zitiert aus: *Kurt Schwitters. Das literarische Werk. Band 1, Lyrik.* Herausgegeben von Friedhelm Lach. DuMont Buchverlag, Köln 1998.

Das Motto des Sechzehnten Gesangs ist entnommen aus Gesang V von Ezra Pounds *Cantos I–XXX*. Zitiert aus: *Ezra Pound. Cantos I–XXX. Der ausgewählten Werke zweiter Teil.* Deutsch von Eva Hesse. Verlag der Arche, Zürich 1964. Im englischen Original lautet die zitierte Passage: *Fades the light from the sea, and many things / ›Are set abroad and brought to mind of thee‹.*

Im Siebzehnten Gesang stammen die Verse *In the town where I was born [...] And he told us of his life* aus dem Song *Yellow*

Submarine von Paul McCartney. Zitiert aus: *Paul McCartney. Blackbird Singing. Gedichte und Songs 1965–1999.* Herausgegeben und mit einer Einleitung von Adrian Mitchell. Aus dem Englischen von Kristian Lutze und Werner Schmitz. Verlag Kiepenheuer & Witsch, Köln 2003.

Der Vers *quamvis sint sub aqua, sub aqua maledicere temptant* ist den *Metamorphosen* des Ovid entnommen, *Liber (Buch) VI, Vers 376.* Zitiert aus: *Publius Ovidius Naso. Metamorphosen.* In deutsche Hexameter übertragen und mit dem Text herausgegeben von Erich Rösch. Ernst Heimeran Verlag, München 1961. Erich Rösch überträgt diesen Vers wie folgt ins Deutsche: *suchen sie, auch unters Wasser getaucht, unterm Wasser zu schmähen.*

Informationen zu dem im NEUNZEHNTEN GESANG auftauchenden Clowns-Anemonenfisch *(Amphiprion ocellaris)* sind über die Internetseiten des Instituts für Meereskunde der Universität Kiel/Aquarium Kiel unter www.aquarium-kiel.de abrufbar.

In den Neunzehnten Gesang sind außerdem Erkenntnisse aus der Lektüre des Artikels *Moana, der freundliche Ozean* von Angelika Overath eingeflossen, abgedruckt in: *mare. Die Zeitschrift der Meere*, Heft Nr. 42 (Schwerpunkt: Tahiti), Februar/März 2004, dreiviertel Verlag GmbH & Co. KG, Hamburg (www.mare.de).

Das Motto des ZWANZIGSTEN GESANGS stammt aus dem Gedicht *Die Moritat von Mackie Messer* von Bertolt Brecht. Zitiert aus: *Die Gedichte von Bertolt Brecht in einem Band.* Suhrkamp Verlag, Frankfurt am Main 1981.

Informationen über Haie vermittelt die Hai-Stiftung/Shark Foundation (Internetadresse: www.hai.ch). Angaben zu Größe, Form und Schwimmgeschwindigkeit von Haien finden sich im Museumswegbegleiter der Hai-Stiftung zu ihrer Ausstellung *Haie. Gejagte Jäger* im Naturhistorischen Museum Basel (9.1.–13.4.2003), online unter www.nmb.bs.ch abrufbar (u. a. können 28 Arbeitsblätter zur Ausstellung als PDF-Datei heruntergeladen werden: www.nmb.bs.ch/NaturmuseumBasel/Dokumente/Arbeitsblaetter_Haie.pdf).

Informationen zu den im EINUNDZWANZIGSTEN GESANG vorkommenden Segeldoktorfischen *(Zebrasoma flavesenes)* und dem Seewolf *(Anarhichas lupus)* sind über die Internetseiten des Instituts für Meereskunde der Universität Kiel/Aquarium Kiel unter www.aquarium-kiel.de abrufbar.

Die im ZWEIUNDZWANZIGSTEN GESANG verwendete Formel zur Berechnung der maximalen Schwimmgeschwindigkeit von Fischen wurde 1965 von dem Zoologen R. Bainbridge entwickelt. Sie ist im Museumswegbegleiter der Hai-Stiftung zur Ausstellung *Haie. Gejagte Jäger* nachzulesen. A. a. O.

Im DREIUNDZWANZIGSTEN GESANG kommt das Wort *Reiterin* vor. Auf der Insel Kuba bezeichnen die Einheimischen Prostituierte auch als *Reiterinnen.*
    Der Vers *Tagsüber blieben die Segel gespannt auf der Fahrt durch die Wogen* stammt aus der *Odyssee* von Homer, *Elfter Gesang, Vers 11.* Zitiert aus: *Homer. Odyssee. Griechisch und deutsch.* Deutsch von Anton Weiher. Mit Urtext, Anhang und Registern. Einführung von A. Heubeck. Artemis Verlag, München und Zürich 1990.

Das Motto des VIERUNDZWANZIGSTEN GESANGS stammt aus dem Lied *Der Blonde Hans* von Hannes Kröger, ebenso wie die kursiven Passagen *Vollmatrosen, Mein Name [ist] Kröger / ich komm aus [Hamburg], Große Freiheit, Das ist der blonde Hans / [und] er spielt zum Tanz, Hier / die Große Freiheit / die mich fix und fertig [gemacht], Auf die Dauer macht mich das alles hier verrückt / jeden Abend den selben Spektakel hier in dem Bums / immer den Affen / machen* sowie *und wenn ich anheuern wollte / könnte ich morgen noch anmustern.*
    In den Vierundzwanzigsten Gesang sind außerdem Erkenntnisse aus der Lektüre des Artikels *Salzige Meere* eingeflossen, publiziert im Internet von Spiegel Online (in Zusammenarbeit mit mare-online) am 18.12.2003, abrufbar unter: www.spiegel.de/wissenschaft/erde/0,1518,278845,00.html.

In den SECHSUNDZWANZIGSTEN GESANG sind – verfremdete – Zitate aus dem Beitrag *Am Anfang ist das Meer* von Karin Steinberger eingeblendet. Karin Steinbergers Artikel wurde am 20./21.3.2004 in der Süddeutschen Zeitung auf Seite 3 veröffentlicht.

Das Motto des ACHTUNDZWANZIGSTEN GESANGS stammt aus dem Gedicht *Das trunkene Schiff (Le Bateau ivre)* von Arthur Rimbaud. Ins Deutsche übertragen von Paul Celan. Zitiert aus: *Arthur Rimbaud. Mein traurig Herz voll Tabaksaft. Gedichte. Französisch und deutsch.* Herausgegeben und mit einem Essay von Karlheinz Barck. Reclam Verlag Leipzig, Leipzig 2003. Im französischen Original lautet die zitierte Passage: *La tempête a béni mes éveils maritimes. / Plus léger qu'un bouchon j'ai dansé sur les flots.*

Der in den Achtundzwanzigsten Gesang eingerückte Vers *Die Rhythmen und Delirien, das Blau* stammt aus demselben Gedicht von Rimbaud. Im französischen Original lautet die zitierte Passage: *les bleuités, délires / Et rythmes.*

Der in den DREISSIGSTEN GESANG aufgenommene Vers *Wie mir das Wasser schmeckte, das grün durchs Holz mir drang* stammt ebenfalls aus dem Gedicht *Das trunkene Schiff (Le Bateau ivre)* von Arthur Rimbaud (übertragen von Paul Celan, a. a. O.). Im französischen Original lautet die zitierte Passage: *L'eau verte pénétra ma coque de sapin.*

Alphabetisches Verzeichnis der Gesänge

Alles Ebbe, der Beutel füllt sich · 86
Das Meeres Früchtchen · 53
Deine Augen empfangen die Sterne · 37
Der Seeanemonen Clown · 77
Dicker Thunfisch reißt Dich mit · 64
Die Flossen hoch! · 30
Die geschuppte Luft ringt nach Lust · 33
Die glänzende Zukunft im Fischauge · 56
Die Hose in der Hose winkt · 89
Die Krabben aber schmecken fein · 103
Die See ist nackt im Takt · 93
Die Seejungfrau, nicht jugendfrei · 106
Einloggen im Logbuch · 14
Es gibt noch mehr als die See · 46
Gringos am Sieden im Wasser · 44
Hammer und Mond, Sichel · 114
Hinter jedem Zahn ein Zahn · 79
Ich sehe nicht mehr als das Meer · 11
Jeder Fisch lacht Dich aus · 50
Jeder zahnt verloren · 83
Land unter quakenden Tankern · 68
Malt für die Quallen · 21
Naßforsch grüßt der Frosch · 110
Rauschen unterbrochen · 118
Schützt die Gräten, schützt das Filet! · 60
Tiriliert der Matrose · 99
Toten Kopf Flagge als Stirnband · 24
Trägt das Salz Sandalen? · 74
Unter welcher Banane segeln wir? · 18
Zurück zu den Kolben! · 40

Inhalt

Vorwort · 5
Günter Kunert: Anton G. Leitner –
Ein illegitimes Kind Neptuns

Ich sehe nicht mehr als das Meer · 11
Erster Gesang

Einloggen im Logbuch · 14
Zweiter Gesang

Unter welcher Banane segeln wir? · 18
Dritter Gesang

Malt für die Quallen · 21
Vierter Gesang

Toten Kopf Flagge als Stirnband · 24
Fünfter Gesang

Die Flossen hoch! · 30
Sechster Gesang

Die geschuppte Luft ringt nach Lust · 33
Siebter Gesang

Deine Augen empfangen die Sterne · 37
Achter Gesang

Zurück zu den Kolben! · 40
Neunter Gesang

Gringos am Sieden im Wasser · 44
Zehnter Gesang

Es gibt noch mehr als die See · 46
Elfter Gesang

Jeder Fisch lacht Dich aus · 50
Zwölfter Gesang

Das Meeres Früchtchen · 53
Dreizehnter Gesang

Die glänzende Zukunft im Fischauge · 56
Vierzehnter Gesang

Schützt die Gräten, schützt das Filet! · 60
Fünfzehnter Gesang

Dicker Thunfisch reißt Dich mit · 64
Sechzehnter Gesang

Land unter quakenden Tankern · 68
Siebzehnter Gesang

Trägt das Salz Sandalen? · 74
Achtzehnter Gesang

Der Seeanemonen Clown · 77
Neunzehnter Gesang

Hinter jedem Zahn ein Zahn · 79
Zwanzigster Gesang

Jeder zahnt verloren · 83
Einundzwanzigster Gesang

Alles Ebbe, der Beutel füllt sich · 86
Zweiundzwanzigster Gesang

Die Hose in der Hose winkt · 89
Dreiundzwanzigster Gesang

Die See ist nackt im Takt · 93
Vierundzwanzigster Gesang

Tiriliert der Matrose · 99
Fünfundzwanzigster Gesang

Die Krabben aber schmecken fein · 103
Sechsundzwanzigster Gesang

Die Seejungfrau, nicht jugendfrei · 106
Siebenundzwanzigster Gesang

Naßforsch grüßt der Frosch · 110
Achtundzwanzigster Gesang

Hammer und Mond, Sichel · 114
Neunundzwanzigster Gesang

Rauschen unterbrochen · 118
Dreißigster Gesang

Anhang

Quellen und Hinweise · 123

Alphabetisches Verzeichnis der Gesänge · 127

Niederschrift am 13. Dezember 2003 in Bad Grönenbach / Allgäu begonnen und bis zum 7. September 2004 in Ahrenshoop/Ostsee und Weßling fortgesetzt.